Sven Paris

Dieses Video ist in Deutschland nicht verfügbar

Der Diskurs zwischen YouTube und der GEMA

GRIN - Verlag für akademische Texte

Der GRIN Verlag mit Sitz in München hat sich seit der Gründung im Jahr 1998 auf die Veröffentlichung akademischer Texte spezialisiert.

Die Verlagswebseite www.grin.com ist für Studenten, Hochschullehrer und andere Akademiker die ideale Plattform, ihre Fachtexte, Studienarbeiten, Abschlussarbeiten oder Dissertationen einem breiten Publikum zu präsentieren.

Dokument Nr. V176146 aus dem GRIN Verlagsprogramm

Sven Paris

Dieses Video ist in Deutschland nicht verfügbar

Der Diskurs zwischen YouTube und der GEMA

GRIN Verlag

Bibliografische Information der Deutschen Nationalbibliothek: Die Deutsche Bibliothek verzeichnet diese Publikation in der Deutschen Nationalbibliografie; detaillierte bibliografische Daten sind im Internet über http://dnb.d-nb.de/ abrufbar.

1. Auflage 2011
Copyright © 2011 GRIN Verlag GmbH
http://www.grin.com
Druck und Bindung: Books on Demand GmbH, Norderstedt Germany
ISBN 978-3-640-97489-4

HUMBOLDT-UNIVERSITÄT ZU BERLIN

INSTITUT FÜR INFORMATIK

INFORMATIK IN BILDUNG UND GESELLSCHAFT

Dieses Video ist in Deutschland nicht verfügbar

Der Diskurs zwischen YouTube und der GEMA

überarbeitete Version

Sven Paris

Vorwort zur überarbeiteten Version

Diese Arbeit entstand im Rahmen des Kurses „Informatik und Informationsgesellschaft II: Technik, Geschichte und Kontext" im Sommersemester 2011. Sie wurde am 30. Juni 2011 eingereicht, von mehreren Gutachtern gesichtet und erhielt von den über 25 Arbeiten die insgesamt beste Bewertung und als einzige Arbeit mehrfach die Höchstzahl zu vergebener Punkte[1].

Im Rahmen des Kurses wurde das so genannte TMINK-Analyseschema erarbeitet, nach dem ein Diskurs auf verschiedene Dimensionen hin überprüft werden und analysiert werden muss. TMINK steht hierbei als Akronym für die Dimensionen *Technik, Macht, Ideologie, Normen* sowie *Kommunikation*[2]. Die vorliegende Analyse folgt diesem Schema und behandelt dabei den Diskurs zwischen YouTube und der GEMA, der zum Zeitpunkt des Verfassens seit über zwei Jahren besteht und der im Juni 2011 medial erneut aufgegriffen wurde.

Die vorliegende Version ist in kleinen Teilen gemäß der berechtigten Kommentare der Gutachter überarbeitet, denen ich für das ausführliche Feedback danke.

Sven Paris
Humboldt-Universität zu Berlin
Juli 2011

---

[1] „Eine hervorragende, die Erwartungen übertreffende, umfangreiche, fundierte und typographisch ansprechend aufbereitete Arbeit."
[2] Dieses Schema basiert auf dem MINK-Schema von Werner Patzelt. Siehe dazu Patzelt, Werner J.: *Einführung in die Politikwissenschaft*. 2. Aufl., Passau : Wissenschaftsverlag Richard Rothe, 1992.

Inhaltsverzeichnis

1 Einleitung

Am 19. Juli 2009 erstellte ein User namens „TheKheinz", bürgerlich Kevin
Heinz[3], auf der Videoplattform YouTube[4] einen Account[5] und lud ein Video
seiner Hochzeit[6] namens „JK Wedding Entrance Dance" hoch.

Zu Beginn des Videos erscheint mit weißer Schrift auf orangefarbenem Grund
der Titel „Jill and Kevin's Big Day". Ihm folgt in den weiteren 5 Minuten des
Videos ein Hochzeitstanz, bei dem alle Beteiligten in ausgelassener Weise vor
den Hochzeitsgästen über den Hochzeitsgang tanzen. Die Tanzenden wirken
ähnlich amüsiert wie die Hochzeitsgäste, die im Rhythmus der Musik klatschen
– einem Song von James Brown namens „Forever".

Zum Ende des Videos erscheint die Braut, tanzt ebenfalls vergnügt nach vorne, wird dort vom Bräutigam abgeholt und von ihm die letzten Meter geführt.
Unter großem Applaus steht das Paar nun vorne – bereit für die Trauung –,
während das Video mit einer Danksagung ausgeblendet wird.

---

[3] Vgl. Nocera, Kate: Fun Minnesota couple Jill Peterson and Kevin Heinz dance down the
aisle at their wedding (2009). URL: http://www.nydailynews.com/news/2009/07/24/
2009-07-24_fun_minnesota_couple_jill_peterson_and_kevin_heinz_dance_down_
the_aisle_at_their.html [29.06.2011].

[4] http://www.youtube.com [29.06.2011].

[5] http://www.youtube.com/user/TheKheinz [29.06.2011].

[6] http://www.youtube.com/watch?v=4-94JhLEiN0 [29.06.2011].

Seit dem Upload wurde dieses Video 67'339'056 Mal angesehen[7]. Diese große Aufmerksamkeit führte dazu, dass das gespielte Lied – Chris Browns „Forever" –, welches am 19. April 2008 erschienen war[8] und damit seine Abverkaufs- und Chartphase längst hinter sich hatte, einen zweiten Frühling erlebte[9].

Eine Gewinnsituation für alle Beteiligten: Jill Peterson und Kevin Heinz konnten diesen außergewöhnlichen Moment ihrer Hochzeit mit anderen teilen, Verwerter und Urheber erzielten weitere Erlöse durch die kostenlose Werbung, YouTube konnte seinen Usern gefragten Inhalt bieten, um dadurch ebenfalls weitere Werbeeinnahmen zu generieren und die Nutzer der Videoplattform konnten eine lustige und innovative Vorstellung ansehen.

Doch trotz der eigentlich wünschenswerten Situation, ist dieses Video in Deutschland nicht verfügbar. Der Versuch eines Aufrufes aus Deutschland[10] führt zu einer Fehlermeldung (siehe Abbildung 1.1).

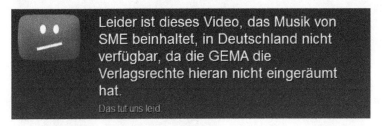

Abbildung 1.1: Fehlermeldung bei Aufruf von „JK Wedding Entrance Dance"

---

[7] Stand: 22. Juni 2011, 14:07 Uhr.

[8] Vgl. Wikipedia: Forever (Chris Brown song). URL: http://en.wikipedia.org/w/index. php?title=Forever_(Chris_Brown_song)&oldid=433875982 [27.06.2011].

[9] Vgl. Warner, Tiffany: Chris Brown: 'Forever' single soars up iTunes chart thanks to wedding dancers (2009). URL: http://www.examiner.com/celebrity-headlines-in- los-angeles/chris-brown-forever-single-soars-up-itunes-chart-thanks-to- wedding-dancers [29.06.2011].

[10] Gemeint ist ein Aufruf mit einer Deutschland zugeordneten IP-Adresse. Darauf wird später in der Betrachtung der Technikdimension genauer eingegangen. Siehe Ziff. 3.3.

Dieses Konfliktpotential, das in der Vergangenheit immer wieder für Unmut bei den deutschen Nutzern der Videoplattform sorgte (vgl. exemplarisch Abbildung 1.2), ist Teil eines längeren Diskurses, der medial jüngst wieder in Erscheinung trat und den ich daher nachfolgend analysieren möchte.

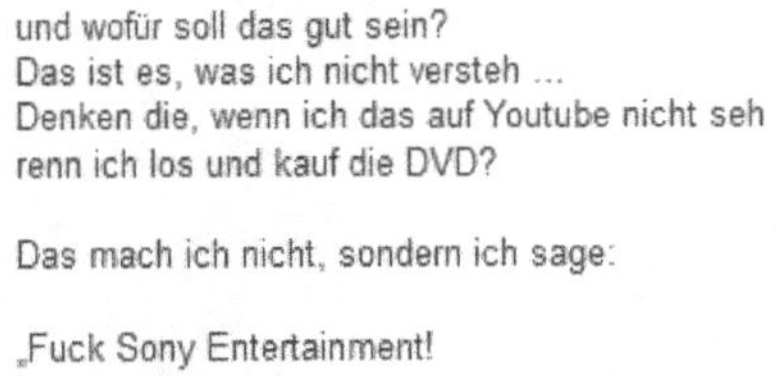

und wofür soll das gut sein?
Das ist es, was ich nicht versteh ...
Denken die, wenn ich das auf Youtube nicht seh
renn ich los und kauf die DVD?

Das mach ich nicht, sondern ich sage:

„Fuck Sony Entertainment!

Abbildung 1.2: Sid der Liedermacher – „Fuck Sony Entertainment!"[11]

---

[11] Siehe Peghini, Siddhartha Ché; Fuck Sony Entertainment (2010). URL: http://sidsong.blog.de/2010/08/28/fuck-sony-entertainment-9266586/ [29.06.2011].

2 Akteure

Der vorliegende Diskurs beinhaltet einige Akteure, die im Folgenden kurz vorgestellt werden sollen.

2.1 YouTube

YouTube ist eine Plattform bzw. ein Portal zum Publizieren und Konsumieren von hochgeladenen Videos. Das Portal wurde im Februar 2005 gegründet, erfuhr seitdem ein rasantes Wachstum und wurde im Oktober 2006 vom Google-Konzern übernommen[12].

Das Unternehmen ist direkter Beteiligter und auch Betroffener des vorliegenden Diskurses, da es um die dort veröffentlichten Videos, die Umsetzung der deutschen Bestimmungen sowie um die Verhandlungen mit der GEMA geht.

2.2 GEMA

Die GEMA ist die *Gesellschaft für musikalische Aufführungs- und mechanische Vervielfältigungsrechte* und als Verwertungsgesellschaft für die Musikrechte ihrer Mitglieder in Deutschland verantwortlich[13].

Die Gesellschaft ist direkter Beteiligter des Diskurses und zuständiger Verhandlungspartner für die Rechte YouTubes an den ihr unterstehenden Werken.

---

[12] Vgl. Kröger, Michael: YouTube-Verkauf - Der Club der Millionäre (2006). URL: http://www.spiegel.de/wirtschaft/0,1518,441871,00.html [29.06.2011].

[13] Rolle und Legitimation der GEMA werden unter dem Aspekt der Normen thematisiert. Siehe Ziff. 4.2.

2.3 Verwerter

Die Verwerter von Inhalten, vorrangig in Gestalt von Tonträgerunternehmen, sind Betroffene des Diskurses, da es sich um ihre Werke handelt, um die verhandelt wird. Durch öffentliche Äußerungen ihrer Vorsitzender nehmen auch sie am öffentlichen Diskurs teil.

2.4 Nutzer

Die deutschen User der Plattform sind direkt betroffen, da ihnen der Zugang zu den betreffenden Videos verwehrt bleibt. Zudem sind sie durch das Hochladen möglicherweise geschützten Materials schon bei der Produktion bzw. Veröffentlichung der Inhalte betroffen und beteiligt.

Diese Gruppe ist alleine aufgrund ihrer Größe naturgemäß sehr heterogen und nicht vollständig erfassbar. Dennoch nehmen auch sie aktiv am Diskurs teil, was immer wieder exemplarisch anhand von Äußerungen aufgezeigt werden soll.

2.5 Anonymous

Die Hacker-Vereinigung Anonymous ist nur insoweit betroffen, als dass davon ausgegangen werden kann, dass es sich auch bei ihnen (oder einem Teil von ihnen) um Nutzer des Portals handelt. Nichtsdestotrotz haben auch sie sich medienwirksam in den Diskurs eingebracht und sind daher als aktiver Akteur des Diskurses zu verstehen.

3 Technik

Der Diskurs gründet sich maßgeblich auf bestimmte Techniken – sowohl in der Gesellschaft als auch auf Seiten YouTubes.

3.1 Streaming

Als *Streaming* wird gemeinhin ein Verfahren verstanden, das es ermöglicht, auf Dateien bereits während der Übertragung zuzugreifen. Im Gegensatz zu einem normalen *Download*, bei dem eine Datei erst vollständig (und natürlich fehlerfrei) übertragen werden muss, bevor sie sich nutzen lässt, ist es beim Streaming bereits nach kurzer Zeit – im Bestfall sofort – möglich, auf einen Teil der Datei zuzugreifen. Dies macht Streaming vor allem beim Ansehen von Videos sehr attraktiv, da die Wartezeit, bis man sich das entsprechende Video ansehen kann, deutlich reduziert wird. Somit ist das Streaming als maßgeblich für die schnelle Verbreitung von YouTube-Inhalten verantwortlich anzusehen. Zudem ist es möglich, verschiedene Teile des Videos zu streamen, um beispielsweise nur die zweite Hälfte anzusehen.

Insbesondere ermöglicht das Streaming auch die Möglichkeit, noch nicht beendete Inhalte auszutragen, was (in der Regel leicht verzögerte) Live-Übertragungen möglich macht.

3.2 User Generated Content

User Generated Content[14] (kurz: UGC) beschreibt Medieninhalte, die nicht vom Anbieter selbst stammen, sondern von den Nutzern eingestellt werden[15]. Ein Webangebot stellt hierbei seine Infrastruktur zur Verfügung, um es Internetnutzern zu ermöglichen, ihre Inhalte zu präsentieren. Dieser Umstand ist besonders deshalb wichtig, weil der Betreiber damit als so genannter Störer erst nach Kenntnisnahme oder bei Fahrlässigkeit für rechtswidrige Inhalte haftbar gemacht werden kann[16].

3.3 Geoblocking

Beim so genannten *Geoblocking* werden User, deren Zugehörigkeit zu einem bestimmten Land über ihre *IP-Adresse* ermittelt werden kann[17], von Inhalten

---

[14] Der Begriff wird hier mangels anderer Erkenntnisse orthographisch wie der Begriff *World Wide Web* verwendet. Siehe dazu auch Bauer, Christian Alexander: User Generated Content - Urheberrechtliche Zulässigkeit nutzergenerierter Medieninhalte. In: Große Ruse-Khan, Henning ; Klass, Nadine ; von Lewinski, Silke (Hrsg.): *Nutzergenerierte Inhalte als Gegenstand des Privatrechts - Aktuelle Probleme des Web 2.0* (Band). Max Planck Institute for Intellectual Property, Competition and Tax Law, Band 15, Heidelberg : Springer, 2010, S. 2, Fn. 1.

[15] Vgl. Bauer: User Generated Content. S. 3-5. Der Autor setzt sich dort auch speziell mit einer juristisch anwendbaren Definition des UGC auseinander. Für diese Arbeit soll jedoch die intuitive Übersetzung der „nutzergenerierten Inhalte" ausreichend sein.

[16] Vgl. Wilhelmi, Rüdiger: Verantwortlichkeit und Verkehrspflichten für nutzergenerierte Inhalte - Die Haftung von Plattformbetreibern und die Pressehaftung im Vergleich. In: Große Ruse-Khan, Henning ; Klass, Nadine ; von Lewinski, Silke (Hrsg.): *Nutzergenerierte Inhalte als Gegenstand des Privatrechts - Aktuelle Probleme des Web 2.0* (Band). Max Planck Institute for Intellectual Property, Competition and Tax Law, Band 15, Heidelberg : Springer, 2010, S. 129-133.

[17] Es wird davon ausgegangen, dass der Leser mit der grundsätzlichen Funktionsweise des Internets und dessen Zugang über Provider vertraut ist. Siehe sonst auch Buckler, Grant: Putting limits on who can view online video: How it works and why it's done (2009). URL: http://www.cbc.ca/news/technology/story/2009/02/04/f-tech-geoblocking.html [29.06.2011].

ausgeschlossen[18]. Im konkreten Fall wird diese Technik verwendet, um deutschen Usern den Zugang zu entsprechenden Inhalte zu blockieren.

3.4 Digitalisierung

Durch das Fortschreiten der Digitalisierung in den letzten Jahren – vorwiegend in den letzten zwei Jahrzehnten –, haben sich die Möglichkeit zur *Produktion* von Inhalten enorm weiterentwickelt und verbreitet. Inhalte können beispielsweise live aus dem Radio-Stream mitgeschnitten und in gleicher Qualität gespeichert, bearbeitet und verwendet werden, anstatt sie aufwändig und in schlechter Qualität auf eine Kassette zu überspielen, welche die weitere Bearbeitung aufgrund des Mediums stark erschwert. Musik und Videos lassen sich immer häufiger als Dateien statt als physisches Medium (Videokassette, DVD, CD, ...) beziehen. Dies ermöglicht – auch dank einsteigerfreundlicher und günstiger Software – einer weitaus breiteren Masse an Personen das Bearbeiten von Medieninhalten[19].

3.5 Breitbandanschlüsse

Nach der Produktion ist die *Distribution*, also die Verteilung von Inhalten, eine weitere, wichtige Komponente, die im Wandel der Zeit durch die Technik stark erleichtert wurde. Dies wurde spätestens 1999 mit dem Aufkommen der Tauschbörse Napster deutlich, die es durch *Peer-to-Peer*-Verfahren[20] erlaubte,

---

[18] Vgl. Pryjda, Witold: Ländergrenzen im Internet - Geoblocking verhindert das grenzenlose Surfvergnügen (2009). URL: http://www.zeit.de/digital/internet/2009-11/geoblocking-grenzenloses-internet [29.06.2011].

[19] Bauer spricht hierbei auch von einer „Demokratisierung der Produktionsmittel für massenmediale Informationsgüter". Siehe Bauer: User Generated Content. S. 14.

[20] Zur Funktionsweise von Peer-to-Peer-Verfahren siehe auch Wong, Nigel: How Peer to Peer (P2P) Works (2005). URL: http://ezinearticles.com/?How-Peer-to-Peer-(P2P)-Works&id=60126 [29.06.2011].

Dateien zwischen den Nutzern direkt zu übertragen. Das klassische System, Musik über CDs in Läden zu distribuieren, bekam Konkurrenz[21].

Heutzutage lassen sich dank der Breitbandanschlüsse auch größere Dateien und Inhalte verbreiten. Zusätzlich führte der Ausbau und die Verbreitung von Bandbreite in Kombination mit günstigem Speicher dazu, dass der Nutzer für gewöhnlich seine Dateien nur einmal einem größeren Dienst übergeben muss, der anschließend die Verbreitung für ihn vornimmt – im Falle von YouTube über das Streaming von UGC.

---

[21] Weiterführende Informationen zu Napster, seiner Historie und dem Peer-to-Peer-Gedanken siehe Röttgers, Janko: *Mix, Burn & R.I.P. - Das Ende der Musikindustrie.* Hannover : Heise, 2003, S. 13-44.

4 Normen

Der gesamte Diskurs zwischen der GEMA und YouTube liegt im deutschen Urheberrecht begründet, aus dem wiederum die Institution der GEMA folgt. Unter diesem Aspekt möchte ich daher auf die rechtlichen Grundsätze eingehen, die Sinn und Zweck der GEMA begründen und im Anschluss darlegen, wie die GEMA die digitale Verwertung im Allgemeinen und YouTube im Speziellen beeinflusst.

4.1 Urheberrecht

Das Urheberrecht wird in Deutschland durch das *Gesetz über Urheberrecht und verwandte Schutzrechte (Urheberrechtsgesetz)*[22] geregelt. Es beinhaltet eine Vielzahl von Rechten, die Urheber, Verwerter, Interpreten und Nutzer betreffen. Für die Betrachtung von UGC sind ebenfalls eine große Zahl von Rechten zu berücksichtigen, die aufgrund der Menge im folgenden nur umrissen werden[23].

Betroffen können unter anderem folgende Rechte sein: Urheberpersönlichkeitsrechte (Veröffentlichungsrecht, Anerkennungsrecht und Verbotsmöglichkeit der Entstellung, §§ 12-14), Rechte des „ausübenden Künstlers" (Anerkennungsrecht, Verbotsmöglichkeit der Entstellung und Aufnahmerecht, §§ 74, 75, 77) und Rechte von Sendeunternehmen (Aufnahmerecht, § 87). Besonders von Belang sind für diese Arbeit jedoch die Verwertungsrechte, speziell das Vervielfälti-

---

[22] Abrufbar unter URL: http://www.gesetze-im-internet.de/urhg/ [29.06.2011].

[23] Für eine intensivere Betrachtung der betroffenen Paragraphen, speziell auf Nutzerseite, siehe Bauer: User Generated Content. S. 15-22.

gungsrecht, das Recht der öffentlichen Zugänglichmachung sowie das Bearbeitungsrecht (§§ 16, 19a, 23).

Aus diesen einzelnen Bestimmungen folgt insbesondere, dass jede Verwertung und Verbreitung *jedes einzelnen* Werkes der Erlaubnis der betreffenden Rechteinhaber bedarf. Da allerdings eine große Verbreitung von Werken sowohl im Sinne der Rechteinhaber als auch der Konsumenten liegt, liegt es nahe, dass das Einholen und Erteilen der entsprechenden Erlaubnisse für jedes einzelne Werk diesem Ziel massiv gegenübersteht. Aus diesem Gedanken heraus begründen sich so genannte *Verwertungsgesellschaften*, denen die Verwertungs- bzw. Nutzungsrechte von den Rechteinhabern übertragen werden. Für „Werke[...] der Tonkunst mit oder ohne Text"[24] ist hierbei die GEMA die verantwortliche Verwertungsgesellschaft in Deutschland.

4.2 GEMA

Die GEMA „ist eine Verwertungsgesellschaft in der Rechtsform eines wirtschaftlichen Vereins und verwaltet als staatlich anerkannte Treuhanderin die Nutzungsrechte der Musikschaffenden"[25]. Um diese Funktion wahrzunehmen, werden die Rechteinhaber Mitglied bei der GEMA, was sie darüber hinaus dazu verpflichtet, „sämtliche Werke bei der GEMA anzumelden"[26]. Dabei handelt es sich nicht nur um Musik deutscher Rechteinhaber, vielmehr bestehen noch Gegenseitigkeitsverträge mit Verwertungsgesellschaften in anderen Ländern, wodurch die GEMA nach eigenen Angaben neben ihren über 64.000 Mitgliedern insgesamt für über zwei Millionen Rechteinhaber verantwortlich ist[27]. Sie ist

---

[24] Siehe Risch, Mandy ; Kerst, Andreas: *Eventrecht kompakt - Ein Lehr- und Praxisbuch mit Beispielen aus dem Konzert- und Kulturbetrieb.* Heidelberg : Springer, 2009, S. 282-283.

[25] Siehe Hasebrink, Uwe ; Hans-Bredow-Institut (Hrsg.): *Medien von A bis Z.* Wiesbaden : VS Verlag für Sozialwissenschaften, 2006, S. 129.

[26] Ebd.

[27] Vgl. GEMA: Viel Lärm (2011). URL: https://www.gema.de/de/presse/aktuelle-pressemitteilungen/presse-details/article/viel-laerm.html [29.06.2011].

nach Satzung ein uneigennütziger Verein und „nicht auf die Erzielung von Gewinn gerichtet"[28].

Bei der GEMA können die Nutzungsrechte an der registrierten Musik erworben werden, deren Einnahmen nach Abzug der Verwaltungskosten an die entsprechenden Rechteinhaber ausgeschüttet werden[29].

4.3 Digitale Verwertung

Die Rechte für eine digitale Verwertung entstanden hauptsächlich durch die Ausdehnung der Tonträgerverwertungsrechte auf digitale Inhalte durch die EU. Der Vollständigkeit halber seien die entsprechenden Bestimmungen kurz zusammengefasst:

> [Die Übertragung der im Off-line-Bereich erprobten Rechte auf den Online-Bereich] geschah im Wesentlichen in Umsetzung der beiden WIPO-Verträge über den Urheberrechtsschutz und den Schutz der ausübenden Künstler, Tonträger- und Sendeunternehmen, WIPO-Copyright-Treaty v. 20.12.1996 (dt. Fassung ABLEG 1998 Nr. C 165, S.9); WIPO Performances and Phonograms Treaty v. 20.12.1996 (ABlEG 1998 Nr. C 165, S.13) sowie die daraufhin erfolgte europäische Harmonisierung durch die Richtlinie 2001/29/EG des Europäischen Parlaments und des Rates vom 22. Mai 2001.[30]

Daraus folgt also für digitale, musikalische Inhalte ebenfalls, dass die GEMA in Deutschland für die Rechtewahrnehmung ihrer Mitglieder verantwortlich ist. Es ist unschwer zu erkennen, dass dieser Zustand, der sich in anderen Ländern der EU kaum unterscheidet, der digitalen Verbreitung kaum gerecht werden kann. Till Kreutzer stellt daher in einer Studie zum Urheberrecht fest:

> Problematisch hieran ist, dass das Wahrnehmungssystem traditionell streng territorial strukturiert ist. In jedem Land gibt es eigene

---

[28] Siehe GEMA: Satzung (2010). URL: https://www.gema.de/fileadmin/user_upload/Presse/Publikationen/Jahrbuch/Jahrbuch_aktuell/Satzung.pdf [29.06.2011].

[29] Vgl. Hasebrink: Medien von A bis Z. S. 129.

[30] Siehe Depenheuer, Otto (Hrsg.) ; Peifer, Klaus-Nikolaus (Hrsg.): *Geistiges Eigentum: Schutzrecht oder Ausbeutungstitel? - Zustand und Entwicklungen im Zeitalter von Digitalisierung und Globalisierung*. Heidelberg : Springer, 2008, S. 83.

Verwertungsgesellschaften, die Rechte zur öffentlichen Wiedergabe oder mechanischen Vervielfältigung von Musik nur für das Land vergeben, für das sie jeweils zuständig sind (das Land ihres Sitzes). Bei der üblicherweise grenzüberschreitenden, multinationalen Verwertung von Musik (und auch anderen Werken) über das Internet stößt dieses Modell an seine Grenzen.[31]

Zugänglichmachung, Aufführung und ähnliche Nutzung lizensierter Musik benötigen also in Deutschland Lizenzen der GEMA, welches genau der Streitpunkt der beiden Parteien ist. Da in anderen Ländern Einigungen über die Nutzungsrechte entsprechend geschützter Musik bestehen[32], dürfen die geschützten Inhalte den Usern der entsprechenden Länder auch präsentiert werden.

Durch die spezielle Eigenart des UGC kann YouTube jedoch nicht unmittelbar für die Verbreitung und den Zugang haftbar gemacht werden, da eine manuelle Prüfung der zahlreichen Inhalte[33] (gegebenenfalls vor der Freischaltung) nicht verhältnismäßig ist[34]. Die Plattform kann daher erst nach einem Hinweis handeln[35] und Inhalte blockieren bzw. löschen. Da aber auch die ge-

---

[31] Kreutzer, Till: *Verbraucherschutz im Urheberrecht - Vorschläge für eine Neuordnung bestimmter Aspekte des geltenden Urheberrechts auf Basis einer Analyse aus verbraucherschutzrechtlicher Sicht.* Berlin : Verbraucherzentrale Bundesverband e.V., 2011 – URL: `http://www.irights.info/userfiles/2011-05-03_Verbraucherschutz_im_Urheberrecht.pdf` [29.06.2011], S. 6.

[32] Google-Sprecher Kay Oberbeck spricht offiziell von „20 Vereinbarungen mit Verwertungsgesellschaften für 33 Länder". Siehe Neumann, Carolin: YouTube verweist frustrierte Nutzer an die Gema (2011). URL: `http://www.spiegel.de/netzwelt/web/0,1518,768739,00.html` [29.06.2011].

[33] Laut YouTube wurden am 25. Mai 2011 mehr als 48 Stunden Videomaterial pro Minute hochgeladen. Siehe YouTube-Blog: Thanks, YouTube community, for two BIG gifts on our sixth birthday!. URL: `http://youtube-global.blogspot.com/2011/05/thanks-youtube-community-for-two-big.html` [29.06.2011].

[34] Siehe Ziff. 3.2.

[35] Tatsächlich werden auch automatische Filtersysteme genutzt, die natürlich nicht jede Form geschützter Inhalte, wie beispielsweise Chris Browns Musik im Hintergrund eines Hochzeitstanzes (siehe Einleitung), erkennen können.

wissenhafte Prüfung der Rechtmäßigkeit solcher Hinweise nicht verhältnismäßig ist, kann es auch dabei zu falschen Maßnahmen kommen[36].

Die GEMA scheiterte am 27. August 2010 in einem Verbund mit anderen Verwertungsgesellschaften vor dem Landgericht Hamburg mit einer einstweiligen Verfügung, durch die YouTube zur Blockierung bzw. Löschung von Werken verpflichtet werden sollte, da sie den Aufforderungen der Gesellschaften nicht vollständig nachgekommen sei. Die Richter entschieden jedoch nicht in der Sache, sondern lehnten nur die Eilbedürftigkeit der einstweiligen Verfügung ab[37]. Seit dem 30. September 2010 befindet sich die GEMA daher mit YouTube in einem Rechtsstreit[38].

---

[36] Am 10. August 2010 kam es beispielsweise zu einer Löschung offizieller Videos von Mario Sixtus und Alexander Lehmann durch die *OpSec Security GmbH* im Auftrag der *Gesellschaft zur Verfolgung von Urheberrechtsverletzungen* (GVU). Siehe dazu Sixtus, Mario: In Sachen GVU (2010). URL: http://sixtus.cc/in-sachen-gvu, Vetter, Udo: GVU-Panne: "5 von 5 Millionen" (2010). URL: http://www.lawblog.de/index.php/archives/2010/08/10/gvu-panne-5-von-5-millionen/ sowie Vetter, Udo: Raublöscher geben Unterlassungserklärung ab (2010). URL: http://www.lawblog.de/index.php/archives/2010/08/12/losch-firma-gibt-unterlassungserklarung-ab/ [jeweils 29.06.2011].

[37] Vgl. Ihlenfeld, Jens: Youtube - Gema scheitert vor Gericht gegen Google (2010). URL: http://www.golem.de/1008/77539.html [29.06.2011].

[38] Vgl. Sawall, Achim: Trotz Einigung in Frankreich - Gema geht weiter gegen Youtube vor (2010). URL: http://www.golem.de/1009/78345.html [29.06.2011].

4.4 Folgen für die Nutzer

Dr. Till Kreutzer zieht in seiner Studie unter dem Punkt „Urheberrecht und kreative Werknutzung im Social Web" folgendes Fazit für die User:

> Die Analyse kommt zu dem Ergebnis, dass nach deutschem Recht Remixe, Mashups, Appropriation Art und User-Generated-Videos, in denen Ausschnitte aus Filmen oder kommerzielle Musik verwendet werden, in aller Regel der Zustimmungspflicht durch den Rechteinhaber unterliegen. Eine zustimmungsfreie Nutzung von vorbestehendem, urheberrechtlich geschütztem Material ist dagegen nur in seltenen Sonderfällen durch das Zitatrecht oder das Institut der freien Benutzung gedeckt (Letzteres kann zum Beispiel bei parodistischen oder satirischen Beiträgen der Fall sein). Diese Fälle zu erkennen und die Rechtslage korrekt einzuschätzen dürfte dem modernen Produser angesichts der Komplexität der involvierten Rechtsfragen indes kaum einmal möglich sein. Insofern herrscht innerhalb der kreativen Gesellschaft erhebliche Rechtsunsicherheit.[39]

Der gemeine User ist letztlich also kaum in der Lage, alle möglicherweise betroffenen Rechte im Blick zu behalten. Zumal auch nicht immer zweifelsfrei eruiert werden kann, welche Rechte aller Beteiligten überhaupt bestehen[40]. Erschwerend hinzu kommt für den schaffenden Nutzer, dass sich die Urheberrechte in den verschiedenen Ländern und insbesondere zwischen Europa und Amerika unterscheiden und daher verschiedene Nutzungen von fremden Inhalten erlauben.

Gerade im Konflikt zwischen YouTube und der GEMA ist es daher unintuitiv und schwer vermittelbar, weswegen im globalen Medium Internet bestimmte, teilweise über offizielle Kanäle verbreitete, Inhalte deutschen Nutzern vorenthalten werden.

---

[39] Siehe Kreutzer, Till: Verbraucherschutz im Urheberrecht. S. 9.

[40] Beispielsweise kam es zu einem Fall, in dem sich Clemens Poloczek mit einem Künstler darauf verständigte, dessen Werke auf seinem Weblog zu verwenden, woraufhin die Fotografin Rechte an den Bildern geltend machte. Siehe dazu den Audiobeitrag Richter, Marcus: TRB 233: E3, Gesichtserkennung, kino.to, Wahlgesetz, @ignantblog (2011). URL: http://trackback.fritz.de/2011/06/11/trb-233-e3-gesichtserkennung-kino-to-wahlgesetz-ignantblog/ [29.06.2011], Minute 59.

5 Kommunikation

5.1 Der ursprüngliche Konflikt

Bereits vor 2009 existierten länderspezifische Sperren, die nur vereinzelt auftraten und wenig aussagekräftig waren. Der User erhielt eine unspezifische Fehlermeldung (siehe Abbildung 5.1) und wurde auf die Startseite weitergeleitet.

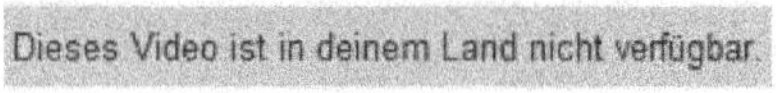

Dieses Video ist in deinem Land nicht verfügbar.

Abbildung 5.1: Erste Geoblocking-Fehlermeldung.

Im April 2009 begannen erste Spannungen mit der GEMA, da die Nutzungsverträge Ende März 2009 ausliefen und bislang keine neue Einigung erzielt worden war[41]. Zu diesem Zeitpunkt wurden die Videos einiger großen Plattenfirmen gesperrt und die entsprechenden Fehlermeldungen konkreter; zudem verblieb der User auf der Seite des Videos. YouTube schien anhand der neuen Fehlermeldung (siehe Abbildung 5.2), die mit einem unerfreuten Smileysymbol versehen war, den Nutzern implizit zu erklären, dass das Blockieren des Inhalts nicht in ihrem Sinne sei.

---

[41] Vgl. Dettweiler, Marco: Youtube gegen Gema - Digitales Welt-Musikarchiv geht offline (2009). URL: http://www.faz.net/artikel/C31158/youtube-gegen-gema-digitales-welt-musikarchiv-geht-offline-30090073.html [29.06.2011].

Abbildung 5.2: Fehlermeldung nach Ablauf der GEMA-Verträge.

EMI, Sony und Universal kommunizierten über die Sperren ihr Bedauern[42,43,44]. Aufgrund der Gestaltung und Interpretation der neuen Fehlermeldung richtete sich die User-Kommunikation spätestens jetzt gegen die Labels bzw. Plattenfirmen, deren Namen auf immer mehr geblockten Seiten auftauchten[45]. Schnell

---

[42] Ebd.

[43] An dieser Stelle sei der Leser auch nochmal an den Fall der Einleitung erinnert, der zeigt, dass die unentgeltliche Nutzung von geschütztem Material durchaus auch im Interesse der eigentlichen Rechteinhaber liegen kann.

[44] Darüber hinaus kam es durch die Sperrungen immer wieder zu absurden Situationen. Beispielsweise Ende 2010, als „der offizielle BRAVIA Motionflow 200HZ-Werbespot von Sony" auf YouTube nicht abrufbar war, weil er „Content von Sony Entertainment" enthielt. Siehe dazu auch Kolokythas, Panagiotis: Ulkige Panne - Sony macht sich auf Youtube lächerlich. URL: http://www.pcwelt.de/news/Ulkige-Panne-Sony-macht-sich-auf-Youtube-laecherlich-1365508.html [29.06.2010]. Auch der Autor dort begeht den (fehlerhaften) Schluss, Sony sei unmittelbar für die Sperrung verantwortlich.

[45] Siehe exemplarisch auch Abbildung 1.2 aus der Einleitung.

wurden in User-Kreisen auch Maßnahmen zur Umgehung der Sperren kommuniziert[46], die teilweise bereits von den vorherigen Sperren bekannt waren[47].

Ein Jahr später, im Mai 2010, beendete die GEMA schließlich die Verhandlungen mit YouTube, woraufhin Harald Heker, Vorstandsvorsitzender der GEMA, in einem Interview mitteilte, man werde mit anderen Verwertungsgesellschaften gegen YouTube vorgehen[48]. Diese „Allianz gegen YouTube" verlange nun die Sperrung oder Löschung von 600 geschützten Werken. Dies seien nur „einige wenige beispielhafte Werke", da man schnell wieder verhandeln wolle[49]. Nichtsdestotrotz versuchte der Verbund wenig später, vor Gericht eine einstweilige Verfügung gegen YouTube zu erwirken, was am 27. August 2010 scheiterte[50].

YouTube kommunizierte ebenfalls über die deutschen Medien, wo sich das Unternehmen gesprächsbereit gab und erklärte, dass das Finden einer für alle Beteiligten zufriedenstellenden Lösung nur am Verhandlungstisch und nicht vor Gericht möglich sei und die bisherigen Forderungen der GEMA schlichtweg überhöht seien, aber eine gerechte Vergütung für die Beteiligten im Sinne des Unternehmens sei[51]. Zudem erklärte YouTube in den Artikeln auch, dass die Tarife deutlich über den Tarifen von Verwertungsgesellschaften anderer Länder lägen.

---

[46] Da eine Verschleierung der eigenen IP-Adresse ausreicht, werden für gewöhnlich Proxy-Server, VPN-Server oder Anonymisierungsdienste verwendet. Siehe exemplarisch Knobloch, Carsten: Dieses Video ist in deinem Land nicht verfügbar reloaded: gesperrte YouTube Videos gucken (2010). URL: http://stadt-bremerhaven.de/dieses-video-ist-in-deinem-land-nicht-verfuegbar-reloaded [29.06.2010].

[47] Siehe exemplarisch Manske, Stefan: YouTube: Das Video ist in deinem Land nicht verfügbar (2008). URL: http://www.alterfalter.de/youtube-laender-restriktion-umgehen/ [29.06.2011].

[48] Vgl. Müller, Martin: Gema-Chef Heker - „Allianz gegen YouTube" (2010). URL: http://www.spiegel.de/netzwelt/netzpolitik/0,1518,694102,00.html [29.06.2011]

[49] Ebd.

[50] Siehe Ziff. 4.3.

[51] Vgl. Ihlenfeld, Jens: Youtube - Gema scheitert vor Gericht gegen Google.

21

5.2 Der aktuelle Konflikt

5.2.1 YouTube

Nachdem die GEMA im September 2010 gegen YouTube vor Gericht zog[52], war medial eine Weile Stille eingekehrt. Der aktuelle Konflikt gründet sich daher maßgeblich auf eine Änderung der Kommunikation YouTubes. Dort änderten sich am 15. Juni 2011 die Fehlermeldungen (siehe Abbildung 5.3), in denen nun explizit die GEMA verantwortlich gemacht wurde[53].

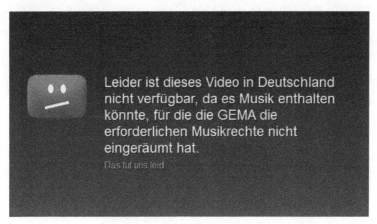

Abbildung 5.3: Aktuelle Fehlermeldung

Kay Oberbeck, Sprecher des Google-Konzerns, gab daraufhin an, die Änderung der Meldung habe stattgefunden, um die Transparenz der bislang missverständlichen Meldungen zu verbessern. Er betonte erneut, dass sein Unternehmen „jederzeit" für Verhandlungen bereit sei und dass man bereits erfolg-

---

[52] Zum Zeitpunkt der Abgabe dieser Arbeit ist der entsprechende Prozess noch nicht abgeschlossen.

[53] Vgl. Neumann, Carolin: YouTube verweist frustrierte Nutzer an die Gema.

reich Vereinbarungen mit Verwertungsgesellschaften für 33 andere Länder getroffen habe[54].

5.2.2 Verwerter

Diese Änderung der Kommunikation zeigte schnell Wirkung. Bereits einen Tag später meldeten sich der Vorsitzende von Sony Music, Edgar Berger, sowie der Vorsitzende von Universal Music, Frank Briegmann, bei Spiegel Online zu Wort und machten ebenfalls die GEMA für die fehlgeschlagenen Verhandlungen verantwortlich[55], die unter anderem Mitgliedern des GEMA-Aufsichtsrats vorwarfen, sie schienen „noch nicht im digitalen Zeitalter angekommen" zu sein. Zudem sei Deutschland, der „wichtigste Markt Europas", „im digitalen Musikmarkt ein Entwicklungsland", wofür „die Haltung der Gema" ein wesentlicher Grund sei.

5.2.3 Anonymous

Neben den Usern und ihren Kommentaren im Internet meldete sich schließlich auch die Hacker-Gruppe Anonymous mit einer Videobotschaft[56] zu Wort[57]. Auch sie sah in der GEMA die Verantwortliche für die Sperrung der Videos. Die Gruppe teilte mit, sie empfinde „dieses Vorgehen als eine Einschränkung des freien Informationsflusses", stehe ebenfalls hinter dem Wunsch, dass Plattenfirmen und Künstler auch an den Einnahmen YouTubes partizipieren, jedoch stehe sich die Verwertungsgesellschaft durch ihre überhöhten Forderungen selbst und auch den Künstlern im Weg, die diese „kostenlose Promotion" bräuchten, was mittlerweile sogar die Plattenfirmen wüssten. Die Gruppe startete im An-

---

[54] Ebd.

[55] Vgl. Reißmann, Ole ; Lischka, Konrad: Streit mit der Gema - Plattenbosse rebellieren gegen YouTube-Blockade (2011). URL: http://www.spiegel.de/netzwelt/netzpolitik/0,1518,768816,00.html [29.06.2011].

[56] YouTube: Anonymous - Stellungnahme zur GEMA. URL: http://www.youtube.com/watch?v=g-qFLX26-08 [29.06.2011].

[57] Vgl. Pluta, Werner: Wegen Youtube - Anonymous greift die Gema an (2011). URL: http://www.golem.de/1106/84312.html [29.06.2011].

schluss *Distributed Denial of Service*-Attacken[58] auf die Webseite der GEMA[59], die daraufhin nicht mehr erreichbar war[60].

5.2.4 GEMA

Schließlich meldete sich auch die GEMA zu Wort – diesmal durch eine Pressemitteilung[61]. In dieser mit „Viel Lärm" überschriebenen Pressemitteilung, bezeichnete man das Medienecho als „heiße Luft" und den neuen Text bei YouTube als irreführend. Die GEMA sei schließlich verpflichtet, jedem Nutzer Lizenzen anzubieten, wodurch die Meldung unzutreffend und das Vorgehen YouTubes als „Stimmungsmache" zu verstehen sei, um Druck auf die GEMA auszuwirken. Auf diesen „Zug" seien auch Plattenlabels und Anonymous aufgesprungen. Zudem stellte die GEMA in der Meldung klar, ihre Webserver seien zwar „kurzzeitig" nicht erreichbar gewesen, hätten dem Angriff jedoch standgehalten.

---

[58] Bei so genannten DDoS-Attacken handelt es sich um eine Vielzahl von Anfragen an einen Server, mit dem Ziel, dass dieser die Beantwortung von Anfragen nicht mehr leisten kann. Siehe auch McDowell, Mindi: Understanding Denial-of-Service Attacks (2004). URL: http://www.us-cert.gov/cas/tips/ST04-015.html [29.06.2011].

[59] http://www.gema.de [29.06.2011].

[60] Vgl. Reißmann, Ole: Internetseite außer Betrieb - Anonymous bestraft Gema für YouTube-Streit (2011). URL: http://www.spiegel.de/netzwelt/netzpolitik/0,1518,769347,00.html [29.06.2011].

[61] GEMA: Viel Lärm (2011). URL: https://www.gema.de/de/presse/aktuelle-pressemitteilungen/presse-details/article/viel-laerm.html.

6 Macht

Die Mächte der einzelnen Akteure ergeben sich relativ klar aus den bisherigen Ausführungen und sollen nachfolgend zusammengefasst werden.

6.1 Definitionsmacht

Bereits unter dem Aspekt der Kommunikation ist klar ersichtlich, dass YouTube über enorme Definitionsmacht verfügt. Die GEMA verwies in der erwähnten Pressemitteilung zurecht darauf, dass der Konflikt schon länger andauere; nichtsdestotrotz löste die Änderung der Fehlermeldung schnell ein lautes Echo aus. Die zuvor verantwortlich gemachten Plattenfirmen rückten durch die simple Änderung der Nachricht aus dem Blickfeld.

Natürlich verfügen auch die Plattenfirmen selbst über Definitionsmacht, da es um ihre Produkte geht. Dass auch sie sich medienwirksam gegen die GEMA wenden, sorgt dafür, dass die GEMA im öffentlichen Diskurs kaum eigene Akzente setzen kann.

6.2 Verhinderungsmacht

Im Gegensatz zur fehlenden Definitionsmacht, verfügt die GEMA über die Verhinderungsmacht. Durch die fehlende Einigung ist das Videoangebot bei YouTube eingeschränkt und auch das Landgericht Hamburg erkannte bei Ablehnung der einstweiligen Verfügung[62] an, „dass viel dafür spreche, dass den An-

---

[62] Siehe Ziff. 4.3.

tragstellerinnen prinzipiell ein urheberrechtlicher Unterlassungsanspruch gegen die Antragsgegnerin zusteht"[63].

6.3 Durchsetzungsmacht

Keiner der Akteure scheint bislang über ausreichend Macht – oder richtiger: über einen ausreichend großen Mehrwert an Macht – zu verfügen, um seine Position in einer Einigung letztlich durchzusetzen.

---

[63] Siehe Pressestelle des Hanseatischen Oberlandesgerichts: GEMA und andere gegen You-Tube - Landgericht Hamburg lehnt Erlass einer einstweiligen Verfügung ab (2010). URL: http://justiz.hamburg.de/2479208/pressemeldung-2010-08-27.html [29.06.2011].

7 Ideologie

Die offizielle Firmenphilosophie[64], der sich der Mutterkonzern Google verpflichtet sieht, enthält einige relevante Punkte, die bereits unter dem Aspekt der Kommunikation zur Sprache kamen:

> Focus on the user and all else will follow. [...]
> The need for information crosses all borders.

Diese beiden Punkte zeigen, dass es im Interesse YouTubes liegt, seinen Usern alle Musikvideos anbieten zu können, die diese sehen wollen. Zugleich gilt natürlich auch ein weiterer Grundsatz, der oft (in verkürzter Weise) zitiert wird:

> You can make money without doing evil.

Der Konzern ließ mehrfach erklären, dass eine Einigung über die Rechte angestrebt werde und dass eine gerechte Entlohnung für Künstler und Verwerter erfolgen solle[65].

Die GEMA, nach Satzung ein uneigennütziger Verein[66], sei nach eigener Aussage „gesetzlich verpflichtet", eine „angemessene Summe" für die ihnen übergebenen Rechte zu erzielen[67].

Die Plattenfirmen und andere Urheber haben ein Interesse daran, die von ihnen verbreiteten Inhalte einem möglichst großen Publikum zu präsentieren und

---

[64] Siehe Google: Our philosophy (2009). URL: http://www.google.com/about/corporate/company/tenthings.html [29.06.2011].

[65] Siehe Ende Ziff. 5.2.

[66] Siehe Ziff. 4.2.

[67] Siehe Müller, Martin: Gema-Chef Heker - "Allianz gegen YouTube".

daran wenn möglich auch zu partizipieren. Deutschland sei dabei der „wichtigste Markt Europas"[68].

Insgesamt ist festzuhalten, dass die Ideologien der Akteure eine untergeordnete Rolle spielen. Letztlich ist eine Einigung zwischen den beiden Verhandlungspartnern für alle Parteien wünschenswert und wird offenbar auch angestrebt, unterscheiden sich jedoch in ihrer Vergütungshöhe. Da die Parteien über die genauen Zahlen Verschwiegenheit vereinbart haben[69], existieren keine verlässlichen Zahlen, anhand derer auf eine Voreingenommenheit geschlossen werden könnte. Kursierend sind jedoch Gerüchte über einen Preis von knapp 13 Cent pro Videoabruf, die sich auf ein offizielles Informationsblatt der GEMA[70] gründen. Demnach betrage „die Mindestvergütung je entgeltlich oder unentgeltlich genutztes Werk aus dem GEMA-Repertoire mit einer Spieldauer bis zu fünf Minuten € 0,1278".

Als Vergleichswert lässt sich hierbei die Einigung mit der britischen Verwertungsgesellschaft *Performing Right Society* hinzuziehen, die sich mit YouTube auf eine Vergütung von 0,00085 £[71] pro Videoaufruf geeinigt hat[72]. Auch wenn unbekannt ist, ob und inwiefern diese Werte in den Verhandlungen verwendet wurden, so zeigen sie dennoch die Tendenz einer möglichen Grundhaltung beider Parteien.

Letztlich wissen jedoch sowohl die GEMA als auch YouTube: Jeder weitere Tag ohne Einigung bedeutet fehlende Einnahmen – für beide Seiten.

---

[68] Siehe Reißmann, Ole ; Lischka, Konrad: Streit mit der Gema - Plattenbosse rebellieren gegen YouTube-Blockade.

[69] Vgl. Müller, Martin: Gema-Chef Heker - "Allianz gegen YouTube".

[70] GEMA: Musik-on demand / Musikvideo-on-demand (2010). URL: `https://www.gema.de/fileadmin/user_upload/Musiknutzer/Informationen/information_musikvideo_on_demand.pdf` [29.06.2011].

[71] Ungefähr 0,0946 Cent. Stand: 29.06.2011.

[72] Vgl. EPM: YouTube vs GEMA (2010). URL: `http://www.epm-music.com/digital-distribution/news/item/85-youtube-vs-gema.html` [29.06.2011].

8 Quellenverzeichnis

BAUER, Christian Alexander: User Generated Content - Urheberrechtliche Zulässigkeit nutzergenerierter Medieninhalte. In: GROSSE RUSE-KHAN, Henning ; KLASS, Nadine ; VON LEWINSKI, Silke (Hrsg.): *Nutzergenerierte Inhalte als Gegenstand des Privatrechts - Aktuelle Probleme des Web 2.0* (Band). Max Planck Institute for Intellectual Property, Competition and Tax Law, Band 15, S. 1-42, Heidelberg : Springer, 2010

BUCKLER, Grant: Putting limits on who can view online video: How it works and why it's done (2009). URL: http://www.cbc.ca/news/technology/story/2009/02/04/f-tech-geoblocking.html [29.06.2011]

BUNDESMINISTERIUM DER JUSTIZ: Gesetz über Urheberrecht und verwandte Schutzrechte. URL: http://www.gesetze-im-internet.de/urhg/ [29.06.2011]

DEPENHEUER, Otto (Hrsg.) ; PEIFER, Klaus-Nikolaus (Hrsg.): *Geistiges Eigentum: Schutzrecht oder Ausbeutungstitel? - Zustand und Entwicklungen im Zeitalter von Digitalisierung und Globalisierung.* Heidelberg : Springer, 2008

DETTWEILER, Marco: Youtube gegen Gema - Digitales Welt-Musikarchiv geht offline (2009). URL: http://www.faz.net/artikel/C31158/youtube-gegen-gema-digitales-welt-musikarchiv-geht-offline-30090073.html [29.06.2011]

EPM: YouTube vs GEMA (2010). URL: http://www.epm-music.com/digital-distribution/news/item/85-youtube-vs-gema.html [29.06.2011]

GEMA: Musik-on demand / Musikvideo-on-demand (2010). URL: https://www.gema.de/fileadmin/user_upload/Musiknutzer/Informationen/information_musikvideo_on_demand.pdf [29.06.2011]

GEMA: Satzung (2010). URL: https://www.gema.de/fileadmin/user_upload/Presse/Publikationen/Jahrbuch/Jahrbuch_aktuell/Satzung.pdf [29.06.2011]

GEMA: Viel Lärm (2011). URL: https://www.gema.de/de/presse/aktuelle-pressemitteilungen/presse-details/article/viel-laerm.html [29.06.2011]

GOOGLE: Our philosophy (2009). URL: http://www.google.com/about/corporate/company/tenthings.html [29.06.2011]

HASEBRINK, Uwe ; Hans-Bredow-Institut (Hrsg.): *Medien von A bis Z*. Wiesbaden : VS Verlag für Sozialwissenschaften, 2006

IHLENFELD, Jens: Youtube - Gema scheitert vor Gericht gegen Google (2010). URL: http://www.golem.de/1008/77539.html [29.06.2011]

KNOBLOCH, Carsten: Dieses Video ist in deinem Land nicht verfügbar reloaded: gesperrte YouTube Videos gucken (2010). URL: http://stadt-bremerhaven.de/dieses-video-ist-in-deinem-land-nicht-verfuegbar-reloaded [29.06.2010]

KOLOKYTHAS, Panagiotis: Ulkige Panne - Sony macht sich auf Youtube lächerlich. URL: http://www.pcwelt.de/news/Ulkige-Panne-Sony-macht-sich-auf-Youtube-laecherlich-1365508.html [29.06.2010]

KREUTZER, Till: *Verbraucherschutz im Urheberrecht - Vorschläge für eine Neuordnung bestimmter Aspekte des geltenden Urheberrechts auf Basis einer Ana-*

lyse aus verbraucherschutzrechtlicher Sicht. Berlin : Verbraucherzentrale Bundesverband e.V., 2011 – URL: http://www.irights.info/userfiles/2011-05-03_Verbraucherschutz_im_Urheberrecht.pdf [29.06.2011]

KRÖGER, Michael: YouTube-Verkauf - Der Club der Millionäre (2006). URL: http://www.spiegel.de/wirtschaft/0,1518,441871,00.html [29.06.2011]

MANSKE, Stefan: YouTube: Das Video ist in deinem Land nicht verfügbar (2008). URL: http://www.alterfalter.de/youtube-laender-restriktion-umgehen/ [29.06.2011]

McDOWELL, Mindi: Understanding Denial-of-Service Attacks (2004). URL: http://www.us-cert.gov/cas/tips/ST04-015.html [29.06.2011]

MÜLLER, Martin: Gema-Chef Heker - "Allianz gegen YouTube" (2010). URL: http://www.spiegel.de/netzwelt/netzpolitik/0,1518,694102,00.html [29.06.2011]

NEUMANN, Carolin: YouTube verweist frustrierte Nutzer an die Gema (2011). URL: http://www.spiegel.de/netzwelt/web/0,1518,768739,00.html [29.06.2011]

NOCERA, Kate: Fun Minnesota couple Jill Peterson and Kevin Heinz dance down the aisle at their wedding (2009). URL: http://www.nydailynews.com/news/2009/07/24/2009-07-24_fun_minnesota_couple_jill_peterson_and_kevin_heinz_dance_down_the_aisle_at_their.html [29.06.2011]

PEGHINI, Siddhartha Ché; Fuck Sony Entertainment (2010). URL: http://sidsong.blog.de/2010/08/28/fuck-sony-entertainment-9266586/ [29.06.2011]

PRESSESTELLE DES HANSEATISCHEN OBERLANDESGERICHTS: GEMA und andere gegen YouTube - Landgericht Hamburg lehnt Erlass einer einstweiligen

Verfügung ab (2010). URL: http://justiz.hamburg.de/2479208/pressemeldung-2010-08-27.html [29.06.2011]

PLUTA, Werner: Wegen Youtube - Anonymous greift die Gema an (2011). URL: http://www.golem.de/1106/84312.html [29.06.2011]

REISSMANN, Ole: Internetseite außer Betrieb - Anonymous bestraft Gema für YouTube-Streit (2011). URL: http://www.spiegel.de/netzwelt/netzpolitik/0,1518,769347,00.html [29.06.2011]

REISSMANN, Ole ; Lischka, Konrad: Streit mit der Gema - Plattenbosse rebellieren gegen YouTube-Blockade (2011). URL: http://www.spiegel.de/netzwelt/netzpolitik/0,1518,768816,00.html [29.06.2011]

RICHTER, Marcus: TRB 233: E3, Gesichtserkennung, kino.to, Wahlgesetz, @ignantblog (2011). URL: http://trackback.fritz.de/2011/06/11/trb-233-e3-gesichtserkennung-kino-to-wahlgesetz-ignantblog/ [29.06.2011]

RISCH, Mandy ; Kerst, Andreas: *Eventrecht kompakt - Ein Lehr- und Praxisbuch mit Beispielen aus dem Konzert- und Kulturbetrieb.* Heidelberg : Springer, 2009

RÖTTGERS, Janko: *Mix, Burn & R.I.P. - Das Ende der Musikindustrie.* Hannover : Heise, 2003

SAWALL, Achim: Trotz Einigung in Frankreich - Gema geht weiter gegen Youtube vor (2010). URL: http://www.golem.de/1009/78345.html [29.06.2011]

SIXTUS, Mario: In Sachen GVU (2010). URL: http://sixtus.cc/in-sachen-gvu [29.06.2011]

VETTER, Udo: GVU-Panne: "5 von 5 Millionen" (2010). URL: http://www.
lawblog.de/index.php/archives/2010/08/10/gvu-panne-5-von-5-millionen/
[29.06.2011]

VETTER, Udo: Raublöscher geben Unterlassungserklärung ab (2010). URL:
http://www.lawblog.de/index.php/archives/2010/08/12/losch-firma-
gibt-unterlassungserklarung-ab/ [29.06.2011]

WARNER, Tiffany: Chris Brown: 'Forever' single soars up iTunes chart thanks
to wedding dancers (2009). URL: http://www.examiner.com/celebrity-
headlines-in-los-angeles/chris-brown-forever-single-soars-up-itunes-
chart-thanks-to-wedding-dancers [29.06.2011]

WIKIPEDIA (englisch): Forever (Chris Brown song). URL: http://en.wikipedia.
org/w/index.php?title=Forever_(Chris_Brown_song)&oldid=433875982
[27.06.2011]

WILHELMI, Rüdiger: Verantwortlichkeit und Verkehrspflichten für nutzergene-
rierte Inhalte - Die Haftung von Plattformbetreibern und die Pressehaftung im
Vergleich. In: GROSSE RUSE-KHAN, Henning ; KLASS, Nadine ; VON LEWIN-
SKI, Silke (Hrsg.): *Nutzergenerierte Inhalte als Gegenstand des Privatrechts -
Aktuelle Probleme des Web 2.0* (Band). Max Planck Institute for Intellectu-
al Property, Competition and Tax Law, Band 15, S. 123-140, Heidelberg :
Springer, 2010

WONG, Nigel: How Peer to Peer (P2P) Works (2005). URL: http://ezinearticles.
com/?How-Peer-to-Peer-(P2P)-Works&id=60126 [29.06.2011]

YOUTUBE (Blog): Thanks, YouTube community, for two BIG gifts on our sixth
birthday! URL: http://youtube-global.blogspot.com/2011/05/thanks-
youtube-community-for-two-big.html [29.06.2011]

YOUTUBE (Video): Anonymous - Stellungnahme zur GEMA. URL: http://www.youtube.com/watch?v=g-qFLX26-08 [29.06.2011]